Juutalaiset länsimaisen kulttuurin
valonkantajina ja suunnannäyttäjinä

Jani Laasonen

JUUTALAISET LÄNSIMAISEN KULTTUURIN VALONKANTAJINA JA SUUNNANNÄYTTÄJINÄ

FSC
www.fsc.org
MIX
Paperi vastuul -
lisista lähteistä
Paper from
responsible sources
FSC® C105338

Kustantaja: BoD – Books on Demand, Helsinki, Suomi

Valmistaja: BoD – Books on Demand, Norderstedt, Saksa

ISBN: 978-952-80-0754-8

SISÄLLYS

1 JOHDANTO

Juutalaisuuteen liittyvä mysteeri on ihmetyttänyt ja kiehtonut minua jo kenties yläkouluajoista lähtien. Juutalaiset ovat hyvin pieni kansa, vain reilut kaksi kertaa Suomen väestöä suurempi. Silti juutalaisiin ja juutalaisuuteen ei voi olla törmäämättä jatkuvasti kaikkialla länsimaisessa kulttuuriperinteessä.

Olipa kyse sitten länsimaisesta uskonnosta, historiasta, tieteestä, taiteesta tai populaarikulttuurista – on juutalaisen kansan ja juutalaisten yksilöiden merkitys länsimaisen kulttuurin kehitykselle aivan ylivertainen kaikkiin muihin kansoihin ja etnisyyksiin verrattuna. Mikään toinen kansakunta tai etninen vähemmistö ei nouse samalla tavoin esiin kansakuntien joukosta kuin juutalaiset. Hyvänä esimerkkinä tästä voidaan pitää juutalaisten Nobel-palkittujen pitkää nimilistaa. Vaikka juutalaisia on vain alle 0,2 prosenttia koko maailman väestöstä, saavat he silti keskimäärin noin kolmanneksen kaikista Nobel-palkinnoista. Käytännössä tämä tarkoittaa sitä, että juutalaiselle myönnetään Nobel-palkinto 113-kertaa todennäköisemmin kuin minkään toisen kansan tai etnisen ryhmän edustajalle keskimäärin. (Wikipedia: List of Jewish Nobel laureates.) Tämä on sanalla sanoen hämmästyttävää.

Juutalaiset ovat olleet keskeisessä asemassa sekä länsimaisen älymystön että populaarikulttuurin kehityksessä aina siitä lähtien, kun heille myönnettiin täydet kansalaisoikeudet 1700-luvun lopulta alkaen. He ovat nousseet tähän asemaan siitäkin huolimatta, vaikka heihin on samanaikaisesti kohdistettu mitä julminta sortoa, syrjintää ja vainoa. Tässä asetelmassa on jotain niin outoa ja ihmeellistä, ettei sitä voi ohittaa vain pelkällä olankohautuksella. Aihe suorastaan vaatii tulla tarkemmin tutkituksi.

Mitkä tekijät selittävät juutalaisten poikkeuksellisen yhteiskunnallisen menestyksen? Entä mikä tekijät ovat syynä vuosituhansia jatkuneelle juutalaisvastaisuudelle? Perimmäiset syyt näihin kysymyksiin pysyivät minulle vuosikaudet arvoituksena. Palapelin palaset alkoivat kuitenkin loksahdella kohdalleen, kun törmäsin sattumalta kansojen älykkyyttä vertaileviin tutkimuksiin. Näissä tutkimuksissa juutalaiset – erityisesti aškenasijuutalaiset – nousivat selvästi ohi kaikkien muiden kansojen ja etnisten ryhmien. Vaikka tutkimustulokset vastasivatkin moniin esittämiini kysymyksiin, synnyttivät ne samalla myös koko joukon uusia. Koin aiheen niin kiinnostavaksi ja tärkeäksi, että päätin kirjoittaa aiheesta lyhyen tutkielman.

Vaikka eri ihmisryhmien henkisten kykyjen vertailu voikin olla monessa suhteessa varsin arveluttavaa, on tieteellisellä tutkimuksella kaikesta huolimatta kummallinen tapa selkeyttää ja järkevöittää ajattelua. Kyse ei siis koskaan ollutkaan juutalaisesta rahasta, juutalaisesta koulutuksesta, juutalaisesta kulttuurista tai – herra paratkoon – juutalaisesta salaliitosta maailman valloittamiseksi. Kyse on ennen kaikkea juutalaisesta älykkyydestä, joka on vahvasti geneettinen ominaisuus.

Vaikka aškenasijuutalaisten selvästi keskimääräistä korkeampi älykkyysosamäärä selittääkin varsin kattavasti juutalaisten menestyksen ja yliedustuksen yhteiskuntien kärkipaikoilla, ei se silti kerro meille mitään niistä syistä, jotka tähän ovat johtaneet. Näihin kysymyksiin tämäkään tutkimus ei kykene vastaamaan, mutta sen sijaan se kerää yhteen sellaista tietoa ja nostaa esiin sellaisia näkökulmia, joista saattaa olla myöhemmin hyötyä muille aiheesta kiinnostuneille.

Tämä tutkimus alkaa lyhyellä katsauksella juutalaisen kansan ja juutalaisten yksilöiden vaikutukseen länsimaisen kulttuurin kehityksessä. Sen jälkeen tarkastelemme hieman juutalaisten historiaa ja kulttuuria, joiden pohjalta pohdiskelemme syitä juutalaisten menestykseen. Lopuksi teemme lyhyen yhteenvedon ja kerron omat johtopäätökseni aiheesta. Tämän tutkielman tarkoituksena ei ole tarjota kokonaisvaltaista ja kaiken kattavaa selvitystä juutalaisesta kansasta ja juutalaisista yksilöistä länsimaisen kulttuurin suunnannäyttäjinä ja valonkantajina. Pikemminkin sen tarkoituksena on toimia johdatuksena aihepiirin pariin.

Tutkimuksen pääasiallisimpana lähdeaineistona toimivat Karl-Johan Illmanin ja Tapani Harviaisen kirjat Juutalaisten historia ja Juutalainen kulttuuri, Steven L. Peasen teos The Golden Age of Jewish Achievement sekä yhdysvaltalaisen Commentary-lehden artikkeli Jewish Genius. Muut tutkimuksessa käytetyt lähteet löytyvät tutkimuksen lopun lähdeluettelosta.

2 JUUTALAINEN VAIKUTUS LÄNSIMAISESSA KULTTUURISSA

Aloitamme juutalaisesta kirjallisuudesta. Länsimaisen kulttuurin perusteoksena voitaneen perustellusti pitää Raamattua. Koska sekä Vanha että Uusi testamentti ovat juutalaisten kirjoittamia, voidaan koko länsimaisen kulttuurin katsoa rakentuneen juutalaisten laatimalle kirjalliselle perustalle. Unohtaa ei sovi myöskään sitä, että kristinuskon ja juutalaisuuden lisäksi Raamattu toimii perustana myös islaminuskolle. Ja jos kansakuntien pyhään peruskirjallisuuteen lasketaan kuuluvaksi myös Karl Marxin teokset, voidaan juutalaisen kirjallisuuden katsoa toimivan yhteiskunnallisena perusteoksena valtaosalle koko maapallon väestöstä.

Kaikesta päätellen juutalaisella kansalla ja juutalaisella kulttuurilla on ollut taipumus tuottaa kirjallisesti varsin lahjakkaita poikkeusyksilöitä läpi koko ihmiskunnan historian. Älyllinen innovatiivisuus ja kirjallinen lahjakkuus lasketaan ilman muuta myönteisiksi ominaisuuksiksi ihmiselle. Niinpä voitaisiinkin olettaa, että juutalaisia ja heidän poikkeuksellista lahjakkuuttaan oltaisiin osattu pitää arvossa kaikkina aikoina kaikkien kansojen keskuudessa. Todellisuudessa asia on kuitenkin täysin päinvastoin. Juutalaiset ovat olleet kautta vuosituhansien poikkeuksellisen vainottu ja vihattu vähemmistökansa, jonka menestymisen mahdollisuudet on pyritty tukahduttamaan järjestelmällisesti kaikkialla missä he ovat eläneet.

Toki väliin mahtuu myös seesteisempiäkin aikakausia – kuten esimerkiksi 1000-luvun molemmin puolin Portugalissa ja Espanjassa, jossa juutalainen kulttuuri kukoisti rinnan islamilaisen kulttuurin kanssa vuosisatojen ajan. Noihin aikoihin arabialainen korkeakulttuuri eli korkeinta kukoistuskauttaan ja oli kaikin tavoin eurooppalaista kulttuuria edistyksellisempää. Islamilaisen Espanjan pääkaupunki Córdoba oli vaurain ja sivistynein keskus tuon ajan Euroopassa. Noihin aikoihin oli tyypillistä, että juutalaiset – jotka osasivat usein samanaikaisesti sekä espanjaa että arabiaa – toimivat tulkkeina ja välittäjinä eurooppalaisten ja arabien välillä. Monet Platonin ja Aristoteleen kirjoitukset käännettiin tuolloin ensimmäistä kertaa eurooppalaisille kielille juutalaisten toimesta. Näin juutalaiset olivat keskeisessä asemassa antiikin Kreikan henkisen perinnön levittämisessä länsimaihin. Tunnetuin juutalainen filosofi noihin aikoihin lienee ollut Maimonides, joka nautti arvostusta yhtä lailla juutalaisten, kristittyjen kuin muslimienkin keskuudessa. Myöhemmin 1000-luvulla kristityt kuningaskunnat aloittivat Iberian niemimaan takaisinvaltauksen. Viimeiset muslimihallitsijat kukistettiin Espanjassa vuonna 1492, jonka jälkeen juutalaiset ja muslimit joko käännytettiin kristinuskoon tai karkotettiin sekä Espanjasta että Portugalista. (Illman & Harviainen 1987, 37-44; Harviainen & Illman 1998, 442.)

Pääsääntöisesti juutalaisten älyllinen harrastuneisuus oli keskiajan Euroopassa pakotettu suuntautumaan ulkomaailman tutkimisen sijasta sisäänpäin eli juutalaisyhteisön omien pyhien kirjoitusten tutkimukseen, analysointiin ja kommentointiin. Näin jatkui aina uuden ajan alkuun asti.

Sellaiset uuden ajan juutalaiset filosofit kuten Baruch Spinoza ja Moses Mendelssohn myötävaikuttivat valtavasti eurooppalaisen rationalismin kehitykseen ja juutalaisen kansan vapautukseen uuden ajan alussa 1600- ja 1700-luvuilla. Vaikka juutalaisten emansipaatio alkoi Ranskasta jo 1700-luvun lopulla, saivat Länsi-Euroopan juutalaiset täydet kansalaisoikeudet vasta 1870-luvulla, mikä ensimmäistä kertaa teki mahdolliseksi heidän kouluttautumisensa ja yhteiskunnallisen menestymisensä. Tästä alkoi juutalaisten ennen näkemättömän laaja ja nopea yhteiskunnallinen nousu. (Illman & Harviainen 1987, 76-82.)

Emansipaation johdosta juutalaisten vuosisatoja padottu ja piilossa pidetty älyllinen potentiaali sai yhtäkkiä suuntautua pyhien tekstien tutkimuksen sijaan ulkomaailmaa kohtaan. 1900-luvun alkuun mennessä juutalaiset intellektuellit olivat jo nousseet johtavaan asemaan lähes kaikilla tieteen rintamilla – hyvinä esimerkkeinä juutalaiset fyysikot Albert Einstein ja Niels Bohr, jotka yhdessä aiheuttivat ennen näkemättömän vallankumouksen yli 200 vuotta suhteellisen vakaana ja muuttumattomana pysytelleeseen länsimaiseen tieteelliseen maailmankuvaan.

Vuosi 1905 tunnetaan saksanjuutalaisen Albert Einsteinin elämässä nimellä annus mirablis ("ihmeiden vuosi"). Tämän yhden vuoden aikana Einstein esitteli kaikkiaan viisi tieteellistä julkaisua, joista jokainen vaikutti merkittävästi nykyfysiikan kehittymiseen. Tuolloin hän muun muassa selitti niin sanotun valosähköisen ilmiön, jota tanskanjuutalainen Niels Bohr hyödynsi muutamia vuosia myöhemmin kehittäessään teoriaansa atomin rakenteesta luoden samalla vankan perustan kvanttimekaniikalle. Einsteinin ja Bohrin töiden myötä Isaac Newtonin klassinen mekaniikka sai rinnalleen yhtäältä universumia kokonaisuutena käsittelevän kosmologian ja toisaalta äärimmäisen pieniä aineenosasia käsittelevän kvanttiteorian. Ilman näitä edistysaskeleita yksikään nyky-yhteiskunnan perustana toimiva tietokone, kännykkä tai satelliittipaikannusjärjestelmä ei toimisi. Sekä Bohr että Einstein palkittiin saavutuksistaan myöhemmin fysiikan Nobeleilla.

1900-luvun toinen vuosikymmen ja sitä seuraavat vuosikymmenet olivat otollista aikaa saksanjuutalaisen Karl Marxin kommunistisille yhteiskuntateorioille. Samoihin aikoihin, kun lähes puoli maailmaa siirtyi elämään kommunismin alaisuudessa, käytiin lännen vapaissa markkinatalouksissa jatkuvaa kädenvääntöä niin sanotun keynesiläisen koulukunnan ja liberaalin markkinatalouden välillä, joista ensin mainitun aatesuunnan pääideologina toimi juutalaissyntyinen Paul Samuelsson ja jälkimmäisen niin ikään juutalaissyntyinen Milton Friedman – molemmat taloustieteen nobelisteja (Pease 2009, 388).

On yleisesti tunnettu tosiasia, että juutalaisen kansan jäsenet ovat olleet länsimaissa monikertaisesti yliedustettuina tieteiden, taiteiden ja kirjallisuuden kärkipaikoilla etenkin viimeisen reilun sadan vuoden ajan. Useimmat psykologian, sosiologian, filosofian ja lingvistiikan koulukunnat ovat käytännössä puhtaasti juutalaisten perustamia. (Harviainen & Illman 1998, 43.) Psykologian saralla 1900-luvun vallankumouksellisimpana henkilönä voidaan pitää itävallanjuutalaista Sigmund Freudia, jonka kehittämän psykoanalyysin merkitystä koko länsimaisen kulttuurin kehitykselle on vaikea yliarvioida. Freudin jälkeen lähes kaikki psykoanalyysin johtavat teoreetikot olivat juutalaisia. (Harviainen & Illman 1998, 449.) Sama toistui muun muassa sosiologiassa, jonka perustajat ja ensimmäiset johtavat intellektuellit olivat myös laajalti juutalaisia, muun muassa Emile Durkheim, Georg Simmel ja Claude Levi-Strauss. (Illman & Harviainen 1987, 122.)

Toisen maailmansodan päättäneen Manhattan projektin (atomipommin kehitystyö) johtavana tiedemiehenä toimi saksanjuutalaisen sukutaustan omannut Robert Oppenheimer. Projektiin osallistui myös muuan nuori Richard Feynman, joka myöhemmin sai fysiikan Nobel-palkinnon ansioistaan kvanttielektrodynamiikan teorian laajentajana. Albert Einsteinin tavoin Richard Feynman on noussut monien fyysikoiden silmissä ikoniseksi hahmoksi terävän älynsä, veitikkamaisen olemuksensa ja innostavan ajattelutapansa ansiosta. Vastaavaa maailmanlaajuista suosiota nuorten tiedenörttien keskuudessa nauttii vain suhteellisen harva tiedemaailman edustaja, joista vaikutusvaltaisimpiin lukeutuu ehdottomasti myös juutalaistaustainen Carl Sagan – Cornellin yliopiston professori, tunnettu tieteen popularisoija ja suositun Cosmos-tiedesarjan käsikirjoittaja ja juontaja.

Toisen maailmansodan loputtua alkoi idän ja lännen välinen kylmä sota, jolle tyypillistä oli atomipommien määrän ja tehon jatkuva kasvattaminen molemmin puolin rautaesirippua. Atomipommin kehittäjistä ehkäpä tunnetuin (Robert Oppenheimerin ohella) oli vetypommin isäksi tituleerattu unkarinjuutalaiset sukujuuret omannut fyysikko Edward Teller. (Pease 2009, 388–389).

1960-luvulla länsimaissa koettiin suurten sodanjälkeisten sukupolvien toimesta laaja protestiliike, jossa uudella rockmusiikilla ja rocklyriikoilla oli suuri vaikutus länsimaisen kulttuurin kehitykselle. Sukupolven vaikutusvaltaisimpiin lyyrikoihin lukeutui juutalaistaustainen Bob Dylan, joka ensimmäisenä rocklyyrikkona palkittiin kirjallisuuden Nobel-palkinnolla vuonna 2016.

Englantilainen historioitsija Paul Johansson on verrannut juutalaisten elokuvantekijöiden merkitystä länsimaisen populaarikulttuurin kehitykselle Albert Einsteinin rooliin modernin länsimaisen tieteellisen maailmankuvan- ja Sigmund Freudin rooliin länsimaisen psykologisen maailmankuvan mullistajina. Monet Hollywoodin merkittävimmistä elokuvastudioista ovat juutalaisten perustamia, muun muassa Universal, MGM, 20th Century Fox ja Warner Brothers. Monet maailman tunnetuimmista ja menestyneimmistä elokuvantekijöistä ovat niin ikään juutalaisia, muun muassa Steven Spielberg, Woody Allen ja Roman Polanski. Myös huomattava osa suosituimpien Hollywood elokuvien sekä tv-sarjojen käsikirjoittajista ja tuottajista ovat olleet juutalaista syntyperää. Lisäksi monet nykyaikanakin tutut kuvitteelliset elokuvien sankarihahmot – kuten Batman, Ironman, Spiderman ja Superman – ovat saaneet alkunsa juutalaisten sarjakuvapiirtäjien kynistä. (Harviainen & Illman 1998, 434-441.)

Unohtaa ei sovi myöskään niitä lukemattomia tieteen, taiteen ja kulttuurin alan eurooppalaisia juutalaisvaikuttajia molemmin puolin rautaesirippua, jotka nousivat kuuluisuuteen omassa kieli- ja kulttuuripiirissään, mutta jotka ovat jääneet kansainväliselle (lähinnä englanninkieliselle) yleisölle tuntemattomaksi. Heidän kaikkien nimeäminen ja luetteloiminen ei ole tässä esityksessä mahdollista, saati edes tarkoituksenmukaista. Yhteenvetona kuitenkin todettakoon, että juutalaisen vähemmistön merkitys länsimaisen kulttuurin kehitykselle on varovaisestikin arvioituna monikymmenkertainen eurooppalaiseen kantaväestöön verrattuna. Juutalaiset ovat toimineet länsimaisen kulttuurin suunnannäyttäjinä 1800-luvulla tapahtuneesta vapautumisestaan lähtien aina tähän päivään saakka.

Kaikkialla missä juutalainen kansa on elänyt vähemmistökansana kantaväestön keskuudessa viimeisen reilun sadan vuoden aikana, heidän suhteellinen osuutensa kyseisen maan älymystössä on ylittänyt kirkkaasti kyseisen maan kantaväestön keskiarvon. Tämä ilmiö oli omiaan herättämään 1930-luvulla etenkin Euroopan saksankielisessä väestössä laajaa juutalaisvastaisuutta, mikä yhdessä hävityn ensimmäisen maailmansodan ja maailmanlaajuisen talouslaman kanssa antoi Saksan natsipuolueelle tilaisuuden nousta valtaan leimaamalla juutalaiset syntipukeiksi tavallisen kansan ahdinkoon. Toisen maailmansodan juutalaisvainojen seurauksena noin 6 miljoonaa juutalaista menetti henkensä, ja miljoonat Keski- ja Itä-Euroopan juutalaiset pakenivat Yhdysvaltoihin. Sodan jälkeen tieteen ja korkeakulttuurin painopiste siirtyi saksankielisestä Euroopasta Yhdysvaltoihin. Samalla englanninkielestä tuli uusi tieteen yleiskieli.

Nykyajan merkittävimmät juutalaisvaikuttajat eivät ole enää kirjailijoita eivätkä ehkä elokuvamoguleitakaan, vaan he toimivat uuden teknologian uranuurtajina. Miljardit ihmiset käyttävät päivittäin erilaisia Internetpohjaisia älylaitteita, joiden pääasiallisia käyttömuotoja ovat tiedon haku ja sosiaalinen media. Maailman yleisimmin käytetty hakukone on Google, jonka perustivat venäjänjuutalainen Sergei Brin ja amerikanjuutalainen Jimmy Page Stanfordin yliopistossa vuonna 1998. Sosiaalinen media löi läpi muutama vuosi tätä myöhemmin Facebookin myötä. Facebookin perustaja Mark Zuckerberg on niin ikään juutalainen. (Linde 2010.)

Vaikka olemme käsitelleet pintapuolisesti ainoastaan murto-osaa koko länsimaisen kulttuurin lähes loputtomiin pursuavasta juutalaisten merkkihenkilöiden galleriasta, uskon että meille on silti kertynyt jo aivan riittävästi todistusaineistoa varsinaisen tutkimusongelman esittelyyn.

Mistä johtuu, että niin monet länsimaisen kulttuurin keskeisimmistä, lahjakkaimmista, innovatiivisimmista ja valovoimaisimmista yksilöistä ovat niin usein juutalaisia? Mistä johtuu, että nimenomaan juutalaiset yksilöt ovat niin usein oman alansa vallankumouksellisimpia neroja ja johtavia asiantuntijoita? Kuinka niin pienen ja niin paljon kärsineen kansan joukosta on voinut nousta niin monia tieteen, taiteen ja kulttuurin edustajia länsimaisen älymystön eturiviin? Mikä on heidän salaisuutensa? Näihin kysymyksiin lähdemme tulevissa kappaleissa hakemaan vastauksia.

3 JUUTALAISEN KANSAN ALISTETTU ASEMA KESKIAJAN LOPUN EUROOPASSA

Juutalaisen kansan ja juutalaisen kulttuurin juuret ulottuvat noin 4 000 vuoden takaiseen Lähi-Itään, mutta aivan niin kauas historiaan emme tässä tutkimuksessa kuitenkaan palaa. Meidän tarkastelumme alkaa niin sanotusta toisen temppelin tuhosta, joka ajoittuu vuoteen 70 jKr. Tuolloin juutalaiset menettivät uskonnonharjoituksensa keskuspaikan Jerusalemissa, mikä muutti juutalaisen uskonnon luonnetta ratkaisevasti ja lopullisesti. Temppelissä tapahtuneiden konkreettisten uhritoimitusten sijaan juutalainen uskonto muuttui kirjauskonnoksi, joka ei enää ollut riippuvainen keskustemppelistä, vaan tästä lähtien jokainen juutalainen saattoi harjoittaa uskontoaan omassa uskonyhteisössään missä ikinä hän asuikaan – mikäli hän vain osasi lukea ja tulkita juutalaisten pyhiä tekstejä itsenäisesti. Niinpä lukutaidosta tuli juutalaisille jo varsin varhain välttämätön taito. (Illman & Harviainen 1987, 12.)

Ilmeisesti Jerusalemin temppelin tuhoa ennakoiden, juutalainen ylipappi Joshua Ben Gamla määräsi vuonna 65 asetuksen siitä, että kaikki 6 vuotta täyttäneet juutalaiset poikalapset olivat oppivelvollisia, ja että juutalaisyhteisön tehtävänä oli heidän koulutuksestaan huolehtiminen. (Illman & Harviainen 1987, 39; Pease 2009, 384.)

Juutalaisten muuttoliike kohti Eurooppaa oli alkanut jo Aleksanteri Suuren aikoihin 300-luvulla eaa., mutta lopullisesti juutalaiset joutuivat jättämään kotimaansa Israelin noin vuonna 150 jKr., jolloin heidät karkotettiin maasta Rooman valtakunnan toimesta. Viimeistään tästä hetkestä voidaan katsoa alkaneen juutalaisten maanpakolaisuuden aika eli niin sanottu diaspora. (Illman & Harviainen 1987, 17; 22.)

Tuskin mikään toinen etninen vähemmistö on siirtynyt yhtä kokonaisvaltaisesti maatalouden harjoittamisesta urbaaneihin ammatteihin kuin juutalaiset keskiajan alun Euroopassa. Pääasiallisena syynä tähän lienee ollut eurooppalaisen lainsäädännön perustana toiminut Rooman laki (ns. Justiniuksen lakikokoelma), josta tuli juutalaisia syrjivän lainsäädännön esikuva koko Euroopassa ja joka kielsi juutalaisilta muun

muassa maan omistamisen. (Illman & Harviainen 1987, s. 21.) Maanomistuskielto
yhdessä oppivelvollisuuden kanssa irrotti juutalaiset maataloudesta ja teki heistä luku-
, kirjoitus- ja laskutaitoisia kaupunkilaisia, joiden oli turvauduttava ennen kaikkea
älykkyyteensä elättääkseen itsensä ja perheensä kaupungeissa. (Murray 2007; Pease
2009, 384.)

Keskiajan Euroopassa valta oli perimältään uskonnollista valtaa, jossa oli hyvin vähän
sijaa erilaisuudelle. Keskeisimpänä syynä juutalaisten Euroopassa kokemalle
järjestelmälliselle syrjimiselle ja kaltoinkohtelulle voitaneen pitää sitä, etteivät
juutalaiset suostuneet mukautumaan Euroopassa vallalla olleeseen lakiin ja
järjestykseen, vaan pitivät itsepintaisesti kiinni omasta juutalaisesta identiteetistään ja
uskonnostaan. Mikä pahinta, juutalaisten läsnäolo kristillisessä Euroopassa
kyseenalaisti kristillisen totuuden, sillä se ei tunnustanut Jeesusta messiaakseen.
Niinpä juutalaisuus toimi jatkuvasti ikään kuin äänettömänä protestina kristinuskoa
vastaan, mistä syystä katolinen kirkko oli reilun vuosituhannen ajan avoimesti
juutalaisvastainen. (Illman & Harviainen 1987, 25.) Myös muslimit katsoivat
juutalaisia alaspäin, sillä islamin näkökulmasta juutalaiset edustivat vanhentunutta
uskontoa (Illman & Harviainen 1987, 35). Kummallekin valtauskonnolle oli edullista,
että juutalaiset olivat yleisesti syrjitty ja alempiarvoinen kansanosa, mikä paitsi laski
juutalaisuuden viehätysvoimaa kristittyjen ja muslimien silmissä, myös todisti
Jumalan kääntäneen juutalaisille selkänsä. Juutalaiset olivat torjuneet Jumalan heille
tarjoaman pelastuksen, mistä syystä heidän tulikin kärsiä. Jumala ikään kuin rankaisi
juutalaisia kristittyjen ja muslimien kautta. Näin juutalaisten alennustila toimi samalla
todistuksena kristinuskon ja islamin totuudesta. (Illman & Harviainen 1987, 37; 57.)

Vuosisatojen kuluessa juutalaiset levittäytyivät vähä vähältä yhä enemmän kohti
pohjoista. 1700-luvulle saavuttaessa juutalainen vähemmistö löytyi jo lähes jokaisesta
eurooppalaisesta suurkaupungista. Eniten heitä oli Keski- ja Itä-Euroopassa, etenkin
Saksassa, Puolassa ja Liettuassa, jossa he muodostivat huomattavan osan koko
väestöstä. (Illman & Harviainen 1987, 58.)

Juutalaisten yhteiskunnallinen asema vaihteli paljon maittain. Parhaat olosuhteet
vallitsivat keskiajan lopulla Englannissa ja Hollannissa, jossa juutalaisiin kohdistui
vähiten rajoituksia ja jossa heillä oli suurin vapaus harjoittaa omaa ammattiaan ja

16

uskontoaan. Tukalinta juutalaisilla lienee ollut Keski-Euroopassa, jossa valtaa pitävät monarkit pyrkivät tiukasti valvomaan alamaisiaan. Keski-Euroopan juutalaisilla ei ollut oikeutta osallistua vapaasti talouselämään, joskin heille saatettiin myöntää erioikeuksia, mikäli he olivat osoittautuneet valtaapitäville erityisen hyödyllisiksi (ns. hovijuutalaiset). (Illman & Harviainen 1987, 55–56.)

Tavalliset juutalaiset saivat asua vain getoissa, jotka olivat erityisiä juutalaisalueita kaupunkien sisällä, jotka ympäröitiin muureilla ja joiden portit suljettiin yöksi (Illman & Harviainen 1987, 52). Liikkuessaan päivisin kaupungilla, juutalaiset olivat velvoitettuja kantamaan vaatteissaan erityisiä tuntomerkkejä, jotta heidät saattoi erottaa kantaväestöstä. Maiden hallitukset rajoittivat aktiivisesti juutalaisten perheiden määrää ja juutalaiset joutuivat maksamaan veroa muun muassa avioliittoluvasta. Mikäli juutalaiset mielivät muuttaa alueelta toiselle, joutuivat he silloinkin maksamaan viranomaisille erityisveroa. Oikeusistuimissa juutalaisten piti vannoa vala, joka erityisesti alleviivasi heidän epäluotettavuuttaan kantaväestöön verrattuna. Nämä ja monet muut vastaavat säädökset haittasivat ja rajoittivat juutalaisten elämää läpi koko keskiajan, kunnes sitten koitti uusi aika ja juutalaisten vähittäinen vapautuminen. (Illman & Harviainen 1987, 67–68.)

4 UUSI AIKA JA JUUTALAISTEN EMANSIPAATIO

1700-luvun lopulla Euroopassa ja Amerikassa koettiin suuria yhteiskunnallisia uudistuksia niin sanotun valistusajan hengessä, minkä johdosta myös juutalaisten asema alkoi vähitellen kohentua. Uskonnollinen suvaitsemattomuus katsottiin sekä järjen että valistuneen yhteiskunta-aatteen vastaiseksi ja näin monet edistyksellisinä itseään pitävät valtiopäämiehet alkoivat palauttaa juutalaisille heidän oikeuksiaan. (Illman & Harviainen 1987, 69–70.)

Täydellinen emansipaatio (vapautuminen) juutalaisille koitti Länsi- ja Keski-Euroopassa kuitenkin vasta 1870-luvulla, kun valtaosa maista myönsi juutalaisille täydet kansalaisoikeudet. Tämä ei kuitenkaan merkinnyt sitä, että juutalaisten yhteiskunnallinen syrjintä olisi loppunut kokonaan, mutta ainakin se mahdollisti juutalaisille lain suoman oikeuden menestyä siinä missä kantaväestöllekin. (Illman & Harviainen 1987, 73.)

Islamilaisessa maailmassa ja Venäjän ortodoksisen kirkon piirissä juutalaisten emansipaatio ei edennyt yhtä mallikkaasti. Islamilaisessa kulttuurissa esteenä juutalaisten vapautumiselle oli ja on yhä edelleen profeetta Muhammedin asettama laki ja käytäntö, joka määrittää juutalaisen pysyvästi muslimia alempiarvoisemmaksi. Puheet juutalaisten ja muslimien välisestä tasa-arvosta voidaan tulkita herjaukseksi profeetan sanaa vastaan. (Illman & Harviainen 1987, 91.)

Venäjällä ongelmia aiheutti Venäjän tsaari Aleksanteri II murha vuonna 1881, jonka yhdeksi salaliittolaiseksi nimettiin juutalainen henkilö. Niinpä syntipukiksi joutivat pian kaikki juutalaiset, mikä aiheutti Venäjällä juutalaisten oikeuksien polkemista ja olojen kurjistumista vielä entisestäänkin. Venäjän alaisessa Suomessa juutalaiset elivät toisarvoisina kansalaisina aina Suomen itsenäistymiseen asti. Virallisesti Suomen juutalaiset saivat täydet kansalaisoikeudet 1.1.1918. (Illman & Harviainen 1987, 141.)

Venäjänjuutalaiset organisoituivat ennen vallankumousta laajalti kommunistisen liikkeen kannattajiksi, mikä vallankumouksen jälkeen näkyikin laajalti juutalaisjohtajien määrässä kommunistisen liikkeen johdossa. Hitler samaisti juutalaisuuden ja kommunismin yhdeksi ja samaksi asiaksi. Heikkojen ja köyhien sääliminen oli Hitlerin mukaan juutalainen ominaisuus, joka tulisi hävittää maailmasta yhdessä juutalaisuuden kanssa. Niinpä kommunismin hävittäminen tarkoitti samalla myös juutalaisten tuhoamista. (Illman & Harviainen 1987, 98–99; 109.) Myös Stalin muuttui vanhemmiten yhä juutalaisvastaisemmaksi ja teloitutti toisen maailmansodan jälkeen loputkin maan juutalaisjohdosta. (Illman & Harviainen 1987, 106.) Stalinin jälkeen juutalaisten olosuhteet Neuvostoliitossa hieman helpottuivat, mutta lopullinen vapautuminen monille venäjänjuutalaisille koitti vasta 1990-luvulla Neuvostoliiton hajotessa ja kylmän sodan päättyessä.

4.1 Juutalaiset vapautuvat sorrosta ja miehittävät eurooppalaisen älymystön

Juutalaisen emansipaation seurauksena yhä useammat juutalaisperheet keskiluokkaistuivat 1800-luvun Länsi- ja Keski-Euroopassa. Nyt he myös saivat lähettää lapsensa samoihin kouluihin, jota kantaväestön lapset kävivät. Tästä alkoi juutalaisen älymystön kultakausi, jolle ei löydy vertaa minkään toisen etnisen vähemmistön historiasta. Seuraukset alkoivat näkyä toden teolla jo seuraavien vuosikymmenten kuluessa, kun yhä useammat korkeasti koulutetut juutalaiset alkoivat nousta tieteiden, taiteiden ja kulttuurin eturiviin Euroopassa. (Pease 2009, 395; Murray 2007.)

Viimeistään 1900-luvulle tultaessa havahduttiin etenkin Keski-Euroopassa siihen, että juutalaisilla oli väkilukuunsa nähden roima yliedustus monissa yhteiskunnallisesti merkittävissä tehtävissä. Murrayn (2007) mukaan juutalaisten edustus Euroopan ja USA:n kirjallisuuskentässä vuosien 1870-1950 välisenä aikana oli neljä kertaa suurempi kuin heidän väkilukunsa antoi olettaa. Musiikissa ja kuvataiteissa vastaava suhdeluku oli viisinkertainen, kemian alalla kuusinkertainen, biologian alalla kahdeksankertainen, fysiikassa yhdeksänkertainen, matematiikassa 12-kertainen ja filosofiassa peräti 14-kertainen suhteutettuna maan kantaväestöön.

Paras ja puolueettomin tapa arvioida yksittäisten ihmisten ja etnisten ihmisryhmien poikkeuksellista lahjakkuutta lienevät vuodesta 1902 lähtien jaetut Nobel-palkinnot. 1900-luvun ensimmäisen puoliskon aikana juutalaiset pokkasivat keskimäärin 14 prosenttia kaikista kirjallisuuden, kemian, fysiikan ja lääketieteen Nobel palkinnoista, vaikka aika käsittää myös toisen maailmansodan ja siihen johtaneen aikakauden, jolloin monet Euroopan maat vielä syrjivät tai suorastaan vainosivat juutalaisia. 1900-luvun jälkimmäisen puoliskon aikana juutalaisten osuus kaikista Nobel-palkituista nousi jo 29 prosenttiin. 2000-luvulla prosenttiosuus on edelleen kasvanut ja on tätä nykyä jo noin 33 prosenttia. Samansuuntainen kehitys on ollut havaittavissa myös matematiikan Nobelia vastaavan Fieldsin mitalin ja tietotekniikan Nobelia vastaavan Turing palkinnon saajien keskuudessa. Myös muun muassa juutalaisten shakkimestareiden osuus kaikista shakkimestareista on yli 50 prosenttia.

Eräs erityismaininnan arvoinen Fieldsin mitalin saaja on venäjänjuutalainen Grigori Perelman, joka vuosituhannen alussa ratkaisi niin sanotun Poincarén otaksuman, joka kuului Clay Mathematics -instituutin julkaiseman seitsemän todistusta odottavan matemaattisista otaksuman joukkoon. Jokaiselle joka ratkaisee yhdenkin näistä seitsemästä matemaattisesta ongelmasta (ns. Millenium-ongelmat), on Clay-instituutin toimesta luvattu miljoonan dollarin rahapalkkio. Perelman on toistaiseksi ainoa, joka tähän on pystynyt. Hän kuitenkin kieltäytyi rahapalkinnosta.

Kun otamme huomioon, että maapallon väkiluku on tällä hetkellä noin 8 miljardia, joista juutalaisia on kaikkiaan vain noin 14 miljoonaa, tulee juutalaisten osuudeksi tällöin alle 0,2 % koko maailman väestöstä. Tästä huolimatta juutalaiset pokkaavat keskimäärin noin kolmanneksen kaikista maailman Nobel-palkinnoista. Juutalaiselle myönnetään Nobel-palkinto 113-kertaa todennäköisemmin kuin minkään muun etnisen ryhmän edustajalle keskimäärin. (Murray 2007; Pease 2009, 383.) Juutalaisten yliedustus on toki pantu merkille maailmalla, ja se on saanut monet tutkijat pohdiskelemaan syitä juutalaisen kansan poikkeukselliselle menestykselle.

4.2 Älykkyystestit ennustavat juutalaisten menestyksen

Euroopasta lähtöisin olevat juutalaiset jakautuvat karkeasti kahteen pääryhmään: aškenasijuutalaisiin ja sefardijuutalaisiin. Aškenasijuutalaiset ovat Itä- ja Keski-Eurooppalaista alkuperää, kun taas sefardijuutalaiset ovat lähtöisin läntisestä Euroopasta, lähinnä Iberian niemimaalta eli Espanjasta ja Portugalista. Aškenasien osuus maailman juutalaisista on nykyään noin 80 %. (Illman & Harviainen 1987, 40–41.)

Siitä lähtien kun ihmisten älykkyyttä on mitattu tieteellisesti, ovat aškenasijuutalaiset nousseet selvästi esiin kaikkien etnisyyksien joukosta (myös sefardijuutalaisten joukosta) keskimääräistä huomattavasti korkeamman älykkyysosamääränsä johdosta (Murray 2007).

New Yorkin alueen koululaitos tarjoaa ehkäpä tunnetuimman esimerkin aškenasijuutalaisten älyllisen suorituskyvyn odottamattomasta esiintulosta. Vuonna 1956 New Yorkin koululaitos päätti teettää kaikille oppilailleen älykkyystestin. Kokeilun tarkoituksena oli seuloa koululaisten suuresta massasta esiin kaikki sellaiset lapset, joiden älykkyysosamäärä oli 170 tai korkeampi. New York oli tuolloin ehkäpä maailman tunnetuin kulttuurien välinen sulatusuuni, jonka alueelta löytyi laaja kirjo eri etnisyyksien edustajia. Niinpä testi tarjosi mainion mahdollisuuden myös eri etnistä alkuperää olevien oppilaiden menestyksen vertailuun. Kriteerit täyttäviä huippuälykkäitä lapsia löytyi koko New Yorkin alueelta kaikkiaan vain 28 kappaletta. Heistä peräti 24 oli aškenasijuutalaisia. (Murray 2007.)

Sittemmin tutkijat ovat suorittaneet laajoja ja kattavia älykkyysmittauksia niin juutalaisille kuin kaikkien muidenkin etnisten ryhmittymien edustajille. Tulokset ovat pääpiirteissään täysin samansuuntaisia ja poikkeavat toisistaan vain marginaalisesti. Siinä missä eurooppalaislähtöisen kantaväestön keskimääräinen älykkyysosamäärä asettuu noin 100 pisteeseen ja itäaasialaisten muutamaa pistettä tätä korkeammaksi, nousevat aškenasijuutalaiset aivan omaan luokkaansa keskimäärin noin 113 pisteen lukemalla. (Murray 2007.)

Aškenasijuutalaisten keskimääräisen älykkyysosamäärän ero eurooppalaiseen kantaväestöön verrattuna on niin huomattava, että sen voidaan katsoa selittävän laajalti juutalaisten menestyksen niin Nobel-palkittujen määrässä kuin monissa muissakin luovaa ajattelua ja korkeaa älykkyyttä vaativissa tehtävissä (Murray 2007). Osasyy on epäilemättä myös juutalaisten kriittisyyttä, älyllistä rohkeutta, innovatiivista ajattelua ja ajattelun vapautta suosivassa kulttuurissa. Tai kuten vanha juutalainen sanonta kertoo: *"Missä kaksi juutalaista, siellä kolme mielipidettä"*. (Pease 2009, 388.) Toinen tunnettu sanonta kuuluu: *"jo heti ensimmäinen juutalainen oli kerettiläinen"*. Negatiivisesta ensivaikutelmastaan huolimatta tämä sanonta on juutalaisten rohkeutta, puhetaitoa ja oikeudentuntoa mairitteleva. Sillä viitataan Raamatun kertomukseen, jossa Abraham kyseenalaistaa kaikkivaltiaan Jumalan tahdon, kun tämä oli aikeissa hävittää Sodoman ja Gomorran maan päältä niiden syntien tähden. Abraham puhuttelee Jumalaa: *"On mahdotonta, että surmaisit syyttömät yhdessä syyllisten kanssa ja että syyttömien kävisi samoin kuin syyllisten. Ethän voi tehdä niin! Eikö koko maailman tuomari tuomitsisi oikein?"*. Abrahamin puhuttelu saa Jumalan muuttamaan mielensä. (Pease 2009, 389.)

4.3 Selityksiä aškenasijuutalaisten keskimääräistä korkeammalle älykkyydelle

Mikä sitten voisi selittää juutalaisen kansan taipumuksen tuottaa kantaväestöä huomattavasti älykkäämpiä jälkeläisiä? Mitään ilmiselvää yksittäistä syytä ei ole olemassa. Paljon teorioita on toki esitetty, joista seuraavassa käyn läpi eniten kannatusta saaneet.

Selitystä on tyypillisesti haettu juutalaisesta kulttuurista ja juutalaisten vuosituhantisesta asemasta valtaväestölle alisteisena vähemmistökansana. On muun muassa esitetty, että selvitäkseen hengissä juutalaisiin kohdistuvista vainoista, on juutalaisten täytynyt osata ennakoida ajoissa muuttava asenneilmapiiri ja muuttaa pois ennen kuin tilanne kärjistyy ja muuttuu hengenvaaralliseksi. Tämä ympäristön sanelema vaatimus on teorian mukaan vahvistanut juutalaisten älyllistä valppautta. Uusille alueille siirtyminen ja sopeutuminen ovat puolestaan edellyttäneet kekseliäisyyttä ja kykyä omaksua uusi kieli ja uusi kulttuuri nopeasti. Juutalaisilla on toisin sanoen ollut vuosituhansien ajan käynnissä hyvin raadollinen eloonjäämiskamppailu, jossa vain nopeimmat sopeutujat ovat jääneet henkiin ja päässeet jatkamaan sukua. (Pease 2009, 383.)

Koska yleiseurooppalainen lainsäädäntö kielsi juutalaisilta muun muassa maan omistamisen jo varhain keskiajan alussa, hakeutuivat juutalaiset kaupunkeihin valkokaulusammatteihin ja alkoivat elättää itseään ja perhettään pääasiassa älykkyytensä turvin. Hyvin ammatissaan menestyvä juutalainen jätti jälkeensä keskimääräistä enemmän keskimääräistä paremmin elämässä menestyviä jälkeläisiä verrattuna huonommin menestyviin juutalaisiin. Tämän on katsottu vaikuttaneen ajan saatossa myönteisesti juutalaisten älykkyyden kehitykseen. (Murray 2007)

Eräänä selittävänä tekijänä pidetään yleisesti juutalaisten oppineisuutta ja lukeneisuutta arvostavaa kulttuuria. Juutalainen uskonto, enemmän kuin ehkäpä mikään toinen uskonto, on luonteeltaan korkeaan oppineisuuteen ja sivistyneisyyteen kannustavaa. Juutalaisen sivistysihanteen mukaisesti jokaisen juutalaisen isän tehtäviin kuului opettaa pojalleen ammatin ohella juutalaisen uskon ja elämäntavan perusteet. Lisäksi juutalaisyhteisön poikalapset ovat perinteisesti käyneet koulua jo pienestä pitäen. Niinpä he olivat huomattavasti useammin luku- ja laskutaitoisia myös aikuisina, toisin kuin valtaväestön miesväki keskimäärin. Vuosituhansien ajan juutalainen kulttuuri on myös suosinut avioliittomarkkinoilla erityisesti sulhasehdokkaiden opillisia ansioita ja varallisuutta mikä myös on johtanut siihen, että paremmin menestyneet juutalaiset ovat päässeet jatkamaan sukuaan todennäköisemmin kuin vähemmän lahjakkaat. (Illman & Harviainen 1987, 39–40; 122; Murray 2007; Pease 2009, 384.)

Altavastaajan asema suhteessa kantaväestöön on oletettavasti myös toiminut inspiroivana tekijänä monelle juutalaiselle. Kun emansipaatio vihdoin koitti, tahtoivat juutalaiset todistaa olevansa vähintäänkin yhtä kyvykkäitä yhteiskunnan jäseniä kuin valtaväestönkin edustajat (Pease 2009, 381–382).

Juutalainen uskonto on myös mielenkiintoinen poikkeus muiden uskontojen joukossa siinä, ettei se ei lupaa oikeauskoisille juutalaisille mitään erityisasemaa tai palkkiota suhteessa pakanakansoihin. Juutalaisen uskon mukaan kaikki kansat ovat tasavertaisia Jumalan edessä, eivätkä juutalaiset muodosta tässä poikkeusta, vaikka ovatkin nimellisesti Jumalan esikoiskansa. Ei-juutalaisen ei siis tarvitse kääntyä juutalaiseksi tullakseen pelastetuksi. Pakanakansoja sitoo ainoastaan niin sanottu Nooan liitto, johon kuuluu vain seitsemän hyvin yksinkertaisia hyvän elämän perusohjetta, joiden noudattaminen riittää ei-juutalaiselle pelastumiseen. Nooan liiton lisäksi juutalaisia sitoo kuitenkin vielä myös niin sanottu Mooseksen liitto, joka syntyi noin 700 vuotta Nooan liittoa myöhemmin ja joka sisältää jopa 613 pikkutarkkaa käskyä ja ohjetta arkielämän varalle. (Illman & Harviainen 1987, 26–27.)

Juutalaisuudesta ei toisin sanoen ole arkielämän kannalta mitään käytännön hyötyä juutalaiseen uskoon kääntyvälle. Päinvastoin – juutalaisuuteen kääntyminen on tehty

23

(ehkäpä tarkoituksella) erityisen hankalaksi ulkopuolisille. Sadat arkielämää ohjaavat pikkutarkat säännöt tekevät juutalaisten elämästä vain tavallista hankalampaa, unohtamatta uuden hankalan kielen opiskelua (heprea) sekä kaikkea sitä syrjintää ja vainoa, joka juutalaisiin on vuosituhansien ajan kohdistunut. Juutalaisuus ei toisin sanoen ole koskaan vetänyt puoleensa suuria ihmismääriä oman yhteisönsä ulkopuolelta, eikä se koskaan ole myöskään luvannut kannattajilleen erityisen helppoa elämää. Niinpä se ei myöskään ole vetänyt puoleensa onnenonkijoita ja opportunisteja. Ainoa palkinto, jonka juutalainen uskonto antaa suhteessa muihin uskontoihin, on luonteeltaan intellektuaalinen ja mystinen. Juutalaiset katsovat olevansa Jumalan esikoiskansa ja siksi lähempänä totuutta kuin ei-juutalaiset. Tämä tuo mukanaan enemmän vastuuta, mutta sen vastapainoksi juutalaisille on luvattu osallisuus myös sellaiseen korkeampaan viisauteen, tietoon ja ymmärrykseen, josta pakanakansat eivät voi päästä osallisiksi. (Murray 2007) Tämä lupaus vaikuttaa osuneen oikeaan – ainakin jos sitä verrataan juutalaistaustaisten Nobel-voittajien pitkään nimilistaan.

Juutalaisuus tarjoaa kannattajalleen siis älyllistä mystisyyttä. Mutta jos juutalaisuuden älyllinen ja mystinen aspekti ei syystä tai toisesta avaudu tavalliselle rivijuutalaiselle eikä hän koe juutalaista yhteisöäkään erityisen läheiseksi, ei juutalainen uskonto tarjoa ihmiselle juuri mitään ylimääräistä syytä tai palkkiota pysytellä uskossaan. Esimerkiksi oppimisvaikeuksista kärsivälle juutalaiselle kristittyjen tai muslimien valtauskonto tarjosi varmasti huomattavasti helpomman elämän ja vähemmän ahdistavia oppimiskokemuksia kuin juutalaisuus. Sellaisilla yksilöillä, jotka tunsivat olonsa syystä tai toisesta muita huonommaksi juutalaisessa uskonyhteisössä, oli varmasti enemmän kuin tarpeeksi hyviä syitä kääntyä pois juutalaisesta uskosta ja sopeutua osaksi valtakulttuuria. Murrayn (2007) mukaan juutalaisen uskon korkeammat opilliset vaatimukset ja juutalaisten ikiaikainen sivistysihanne ovat olleet omiaan karsimaan huonoimmin sopeutuvat yksilöt pois juutalaisesta uskonyhteisöstä vuosisatojen kuluessa.

Juutalainen kulttuuri on myös varsin perhekeskeistä. Juutalaiset arvostavat suuria perheitä, joissa erityisesti äidin rooli on korostuneen merkityksellinen. Äiti on juutalaisen perheen sydän ja sielu. Isän velvollisuuksiin kuuluu muun muassa lasten kasvatuksesta ja koulutuksesta huolehtiminen. Tasapainoiset ja hyvin menestyvät perheet tuottavat tunnetusti keskimääräistä tasapainoisempia ja menestyvämpiä lapsia. Juutalaisessa kulttuurissa lasten kasvatukseen ja koulutukseen on tyypillisesti panostettu enemmän kuin valtaväestön perheissä keskimäärin. Juutalaisissa perheissä ilmenee myös keskimääräistä vähemmän päihteiden käyttöä, väkivaltaa ja avioeroja. (Pease 2009, 391.)

Ehkäpä jotkin tämänkaltaiset kulttuuriset ja ympäristölliset tekijät ovat vaikuttaneet siihen, että ajan saatossa aškenasijuutalaisten keskimääräinen älykkyysosamäärä on noussut huomattavasti kantaväestöä korkeammaksi. Mutta miksi aškenasijuutalaiset pärjäävät älykkyystesteissä myös sefardijuutalaisia niin paljon paremmin? Jos kyse olisi yksinomaan juutalaisesta kulttuurista, niin eikö sefardijuutalaisten älykkyyden tulisi olla jotakuinkin samalla tasolla aškenasijuutalaisten kanssa? Näin ei kuitenkaan ole, sillä sefardijuutalaiset eivät juurikaan eroa älykkyytensä puolesta eurooppalaisesta valtaväestöstä. Poikkeuksellisen korkea keskimääräinen älykkyys vaikuttaisi siis olevan yksinomaan aškenasijuutalaisten erityisominaisuus. Niinpä meidän on vain todettava, ettei yhtä selittävää tekijää voida löytää, joka antaisi vastauksen aškenasijuutalaisten keskimääräistä korkeammalle älykkyydelle.

5   YHTEENVETO JA JOHTOPÄÄTÖKSET

"*Englantilainen historioitsija Paul Johnson kirjoittaa teoksessaan A History of the*
Jews (1987), että juutalaiset on luotu alustamaan ihmiskunnan hapanjuuritaikinaa,
valistamaan pakanoita. Heillä ei ollut valtiollista valtaa, ei sotilaallista voimaa eikä
laajoja maa-alueita. Mutta heillä oli aivot, sanoo Johnson. Äly, taito pohdiskella ja
spekuloida oli heidän aseensa."

(Harviainen & Illman 1998, 442.)

Kiinnostukseni juutalaista kansaa kohtaan alkoi havaittuani heidän yliedustuksensa
muun muassa Nobel-palkinnon saajien, shakkimestareiden ja yhteiskunnallisten
vaikuttajien – eli poikkeuksellista älyllistä lahjakkuutta käytännössä osoittaneiden
poikkeusyksilöiden – joukossa. Tätä kautta kiinnostuin lopulta myös heidän
hengellisestä traditiostaan, joka tuntee muun muassa käsitteen "tikkun olam". Tämän
käsitteen kerrotaan kiteyttävän juutalaisen kansan hengellisen tehtävän kaikkien
maailman kansojen keskuudessa.

Ihmiskunnan hengelliseen perinteeseen kuuluu hyvin laajalti käsitys siitä, että
nykyinen maailmanaika on jollain tavoin monia aikaisempia ja tulevia
maailmanaikoja pimeämpi ja huonompi. Teema toistuu samanlaisena kaikkialla
maailmassa eri kansojen ja kulttuurien parissa. Maailma on pimeässä maailmanajassa
ikään kuin rikki, mistä syystä myös ihminen on kadottanut korkeamman henkisen
potentiaalinsa ja jumalallisen luontonsa. Tikkun olam viittaa juutalaisten
velvollisuuteen toimia tässä maailmanajassa maailman parantajina ja rikkinäisen
maailman korjaajina. Juutalaisen kansan hengellinen tehtävä on auttaa ja opastaa
ihmiskunta ulos pimeästä maailmanajasta näyttämällä esimerkkiä ja johtamalla
kehitystä. Juuri tässä mielessä juutalaiset käsittävät olevansa valittu kansa tai Jumalan
esikoiskansa, joista jälkimmäinen ilmaisu viittaa esikoisen johtavaan asemaan
kansojen keskuudessa. (Pease 2009, 381.)

Esikoinen on lapsikatraan vanhin ja sen puolesta lähinnä isää, mikä taas on omiaan
aiheuttamaan kateutta ja närää perheen muissa lapsissa. Valittuna kansana oleminen ei
siis suinkaan ole yksinomaan etuoikeus, vaan myös äärimmäisen raskas, vaativa ja

26

epäkiitollinen tehtävä, kuten pikainen vilkaisu juutalaisten historiaan osoittaa. Juutalaisia on vainottu ja kiusattu läpi vuosituhansien. Tehtävän vastenmielisyyden puolesta puhuu myös seuraava kuvaus:

"Jumala antoi tooran Israelin kansalle tarjottuaan sitä ensin järjestyksessä kaikille muille kansoille, joista yksikään ei halunnut ottaa sitä vastaan." (Illman & Harviainen 1987, 27.)

Juutalaisen uskonnon mukaan juutalaisuudessa on kyse ennemmin vastuusta ja velvollisuudesta kuin etuoikeudesta. Tässä mielessä koko juutalainen kansa on toiminut sijaiskärsijän roolissa – ei siis ainoastaan yksi juutalainen, kuten kristinusko asian tulkitsee.

Kun puhumme pimeästä maailmanajasta vastakohtana odotetulle ylösnousulle kohti valoisampaa ja ylevämpää aikakautta, en voi olla näkemättä yhteyttä valistuksen aikakauden (Age of Enlightment), juutalaisten vapautumisen ja ihmiskunnan nopean tieteellisteknologisen kehityksen sekä sitä seuranneen yleisen elintason ja hyvinvoinnin nousun kanssa, jonka johtajina erityisesti juutalainen älymystö ja juutalaiset yksilöt ovat toimineet. En voi myöskään välttyä näkemästä ihmiskunnan historiaa eräänlaisena vuosituhansia jatkuneena pitkällisenä yöllisenä taipaleena (kuoleman aikakautena), jossa valistuksen aikakausi merkitsee pitkän kaamosvaiheen lopun alkua; kauan odotettua aamun sarastusta ja ensimmäisten valonsäteiden ilmaantumista. Kuolleista ylösnousun tulkitsen siis symboliseksi ilmaukseksi, jolla viitataan ennen kaikkea pimeän aikakauden päättymiseen ja uuden aikakauden alkuun. Emme ole vielä aivan kokonaan valon puolella, mutta kokonaisuutta tarkastellen suunta on jo vuosisatojen ajan ollut ylöspäin. Ehkäpä siis elämme ihmiskuntana juuri parhaillaan jotain sellaista siirtymävaihetta, jonka todellisen merkityksen vasta tulevat sukupolvet tulevat täsmällisesti käsittämään ja ymmärtämään.

Oli miten oli – yksi asia on kuitenkin varmaa. Juutalaiset ansaitsevat jo tässä ajassa kaiken kiitoksen ja kunnian tekemästään työstä ihmiskunnan hyväksi. Läpi vuosisatojen he ovat kulkeneet oman aikansa edistyksellisimpien aatteiden eteenpäin viejinä ja soihdunkantajina. Teoillaan he ovat osoittaneet paikkansa kaikkien kansojen joukosta esiin nousevana esikoiskansana.

LÄHTEET

Harviainen, T. & Illman, K-J. 1998. Juutalainen kulttuuri. Keuruu: Otavan Kirjapaino.

Illman, K-J. & Harviainen, T. 1987. Juutalaisten historia. Helsinki: Oy Gaudeamus Ab.

Linde, S. 2010. World's 50 most influental Jews. Verkkolehti. Saatavissa: https://www.jpost.com/Jewish-World/Jewish-Features/Worlds-50-most-influential-Jews-176071 [viitattu 7.10.2018].

Murray, C. 2007. Jewish Genius. Verkkolehti. Saatavissa: https://www.commentarymagazine.com/articles/jewish-genius/ [viitattu 7.10.2018].

Pease, S.L. 2009. The Golden Age of Jewish Achievement. Sonoma, California, USA: Deucalion.

Wikipedia: List of Jewish Nobel laureates. Saatavissa: https://en.wikipedia.org/wiki/List_of_Jewish_Nobel_laureates [viitattu 29.12.2018].